L'Amour Medecin

L'AMOVR MEDECIN.

COMEDIE.

Par I. B. P. MOLIERE.

A PARIS,
Chez THEODORE GIRARD, dans la grande Salle du Palais du costé de la Cour des Aydes, à l'Enuie.

M. DC. LXVI.
AVEC PRIVILEGE DV ROY.

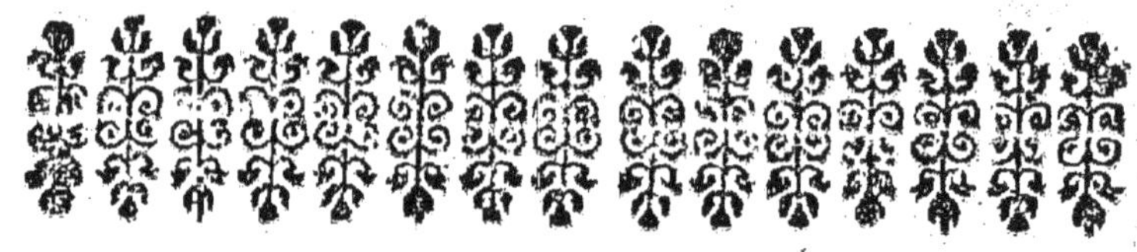

AV LECTEVR.

E n'eſt icy qu'vn ſimple crayon ; vn petit impromptu, dont le Roy a voulu ſe faire vn diuertiſſement. Il eſt le plus precipité de tous ceux que ſa Majeſté m'ait commandez ; Et lors que ie diray qu il a eſté propoſé, fait, appris, & repreſenté en cinq iours, ie ne diray que ce qui eſt vray. Il n'eſt pas neceſſaire de vous aduertir qu'il y a beaucoup de choſes qui dependent de l'action; On ſçait bien que les Comedies ne ſont faites que pour eſtre joüées, & ie ne conſeille de lire celle-cy qu'aux perſonnes qui ont des yeux pour découurir dans la lecture tout le jeu du Theatre : Ce que ie vous diray, c'eſt qu'il ſeroit à ſouhaitter que ces ſortes d'ouurages puſſent touſiours ſe monſtrer à vous auec les ornemens qui les accompagnent chez le Roy. Vous les verriez dans vn eſtat beaucoup plus ſupportable, & les Airs, & les Symphonies de l'incomparable Monsieur Lully, meslez à la beauté des Voix, & à l'addresse des Danseurs, leur donnent, sans doute des graces, dont ils ont toutes les peines du monde à se passer.

EXTRAICT DV PRIVILEGE du Roy.

PAR grace & Priuilege du Roy, donné à Paris, le 30. de Decembre 1665. Signé DE SEIGNEROLLE, & seellé du grand Sceau de cire jaune, Il est permis à Iean Baptiste Pocquelin de Moliere, Comedien de la Troupe de nostre tres-cher, & tres-amé Frere vnique le Duc d'Orleans, de faire imprimer, vendre & debiter pendant le temps & espace de cinq ans, par tel Libraire ou Imprimeur que bon luy semblera vne piece de Theatre qu'il a composée intitulée l'*Amour Medecin* : auec deffenses à toutes personnes de reimprimer ou contrefaire, vendre ou distribuer ladite Piece, ou partie d'icelle sans sa permiſſion, à peine de confiſcation des Exempaires, & de l'amende portée dans l'original.

Regiſtré ſur le Liure de la Communauté des Imprimeurs, Marchands Libraires de Paris, le 4. Ianuier 1666.
Signé, PIGET Syndic.

Ledit Sieur Moliere a cedé, quitté, & tranſporté ſon droit de Priuilege à Pierre Traboüillet, Nicolas le Gras, & Theodore Girard, Marchands Libraires à Paris, pour en joüir, ainſi qu'il eſt porté par leſdites Lettres de Priuilege, ſuiuant l'accord fait entr'eux.

Acheué d'imprimer pour la premiere fois, le 15. Ianuier 1666.

LES PERSONNAGES.

SGANARELLE, Pere de Lucinde,
AMINTE.
LVCRECE.
M. GVILLAVME, Védeur de Tapisseries.
M. IOSSE, Orfevre.
LVCINDE, Fille de Sganarelle.
LYSETTE, Suiuante de Lucinde.
M. TOME'S, } Medecins.
M. DES FONANDRE'S; } Medecins.
M. MACROTON, } Medecins.
M. BAHYS, } Medecins.
M. FILERIN, } Medecins.
CLITANDRE, Amant de Lucinde.
VN NOTAIRE.

L'OPERATEVR, Oruietan.
Plusieurs Triuelins & Scaramouches.
LA COMEDIE.
LA MVSIQVE.
LE BALLET.

La Scene est à Paris dans vne Salle de la maison de Sganarelle.

PROLOGVE.

LA COMEDIE, LA MVSIQVE ET LE BALLET.

LA COMEDIE.

Vittons, quittons nostre vaine querelle,
Ne nous disputons point nos talens tour à tour.
Et d'vne gloire plus belle,
Piquons-nous en ce iour.
Vnissons-nous tous trois d'vne ardeur sans seconde,

Pour donner du plaisir au plus grand
Roy du monde.

Tous trois.

Vnissons-nous ....

LA COMEDIE.

De ses trauaux plus grands qu'on
ne peut croire,
Il se vient quelquefois delasser parmy
nous.
Est il de plus grande gloire
Est-il bon-heur plus doux.
Vnissons-nous tous trois ....

Tous trois.

Vnissons-nous ....

L'AMOUR MEDECIN.

ACTE I.

SCENE I.

SGANARELLE, AMINTE, LUCRECE, M. GUILLAUME, M. IOSSE.

SGANARELLE.

AH, l'estrange chose que la vie ! & que ie puis bien dire auec ce grand Philosophe de l'Antiquité, que qui terre a guerre a, & qu'vn malheur ne vient iamais ſans l'autre. Ie n'auois qu'vne ſeule femme qui eſt morte.

M. GVILLAVME.

Et combien donc en voulez-vous auoir?

SGANARELLE.

Elle eſt morte, Monſieur mon amy, cette perte m'eſt tres-ſenſible, & ie ne puis m'en reſſouuenir ſans pleurer. Ie n'eſtois pas fort ſatisfait de ſa conduite, & nous auions le plus ſouuét diſpute enſemble; mais enfin, la mort r'ajuſte toutes choſes. Elle eſt morte: ie la pleure. Si elle eſtoit en vie, nous

nous querellerions. De tous les enfans que le Ciel m'auoit dõnés; il ne m'a laiſſé qu'vne fille, & cette fille eſt toute ma peine. Car enfin, ie la voy dans vne melancolie la plus ſombre du monde, dans vne triſteſſe épouuentable, dont il n'y a pas moyen de la retirer; & dont ie ne ſçaurois meſme apprendre la cauſe. Pour moy i'en perds l'eſprit, & i'aurois beſoin d'vn bon conſeil ſur cette matiere. Vous eſtes ma niece: vous, ma voiſine, & vous, mes comperes & mes amis: ie vous prie de me conſeiller tous ce que ie dois faire.

M. IOSSE.

Pour moy, ie tiens que la braverie & l'ajustement est la chose qui resiouït le plus les filles; & si i'estois que de vous, ie luy acheterois dés aujourd'huy vne belle garniture de Diamans, ou de Rubis, ou d'Esmeraudes.

M. GVILLAVME.

Et moy; si i'estois en vostre place, i'achetterois vne belle tenture de tapisserie de verdure, ou à personnages, que ie ferois mettre à sa chambre, pour luy resiouïr l'esprit & la veuë.

AMINTE.

Pour moy, ie ne ferois point tant de façon, & ie la mariroi fort bien, & le plustost que i pourrois, auec cette personne qui vous la fit, dit-on, demander, il y a quelque temps.

LVCRECE.

Et moy, ie tiens que vostre fille n'est point du tout propre pour le Mariage. Elle est d'vne complexion trop delicate & trop peu saine, & c'est la vouloir enuoyer bien-tost en l'autre monde, que de l'exposer comme elle est à faire des enfans. Le monde n'est point du tout son fait, & ie vous conseille de la mettre dans vn Couuent, où elle trouuera des diuertissemens qui seront mieux de son humeur.

SGANARELLE.

Tous ces conſeils ſont admirables aſſeurément : mais ie les tiens vn peu intereſſez, & trouue que vous me conſeillez fort bien pour vous. Vous eſtes Orfevre, Monſieur Ioſſe, & voſtre conſeil ſent ſon homme qui a enuie de ſe défaire de ſa marchandiſe. Vous vendez des tapiſſeries, Monſieur Guillaume, & vous auez la mine d'auoir quelque tenture qui vous incommode. Celuy que vous aymez, ma voiſine, a, dit-on, quelque inclination pour ma fille, & vous ne feriez pas faſchée de la voir la femme d'vn autre. Et quant à vous, ma chere niece, ce n'eſt pas mon deſſein, comme on ſçait, de marier ma fille auec qui que ce ſoit, & i'ai mes raiſõs pour cela. Mais le conſeil que vous me dõnez de la faire Religieuſe, eſt d'vne femme qui pourroit bien ſouhaitter charitablement d'eſtre mon heritiere vniuerſelle. Ainſi, Meſſieurs & Meſdames, quoy que tous vos conſeils ſoient les meilleurs du monde, vous trouuerez bon, s'il vous plaiſt, que ie n'en ſuiue aucun. Voila de mes donneurs de conſeils à la mode.

SCENE II.

LVCINDE, SGANARELLE.

SGANARELLE.

AH, voila ma fille qui prend l'air. Elle ne me void pas. Elle soûpire. Elle leue les yeux au Ciel. Dieu vous gard. Bon iour ma mie. Hé bien, qu'est-ce! comme vous en va? Hé! quoy toûjours triste & melancolique comme cela, & tu ne veux pas me dire ce que tu as. Allons donc, découure moy ton petit cœur, là ma pauure mie, dy, dy; dy tes petites pensées à ton petit papa mignon. Courage. Veux-tu que ie te baiſe? vien. I'enrage de la voir de cette humeur-là: Mais, dy moy, me veux-tu faire mourir de deſplaiſir, & ne puis-je ſçauoir d'où vient cette grande lãgueur. Deſcouure m'en la cauſe, & ie te promets que ie feray toutes choſes pour toy. Oüy, tu n'as qu'à me dire le ſujet de ta triſteſſe, ie t'aſſeure icy, & te fais ſerment, qu'il n'y a rien que ie ne faſſe pour te ſatisfaire. C'eſt tout dire: Eſt-ce que tu es jalouſe de quelqu'vne de tes compagnes, que tu voyes plus braue que toy? & feroit-il quelque eſtoffe nouuelle dont tu voulusses auoir vn habit? Non. Est-ce que ta chambre ne te semble pas assez parée, & que tu souhaitterois quelque cabinet de la Foire Saint Laurent? Ce n'est pas cela. Aurois-tu enuie d'apprendre quelque chose? Et veux-tu que ie te donne vn Maistre pour te montrer à joüer du Clauessin? Nenny. Aymerois-tu quelqu'vn, & souhaitterois-tu d'estre mariée?

Lucinde luy fait signe que c'est cela.

SCENE III.

LYSETTE, SGANARELLE, LVCINDE.

LYSETTE.

HE bien, Monſieur, vous venez d'entretenir vôtre fille. Auez-vous ſceu la cauſe de ſa melancolie?

SGANARELLE.

Non, c'eſt vne coquine qui me fait enrager.

LYSETTE.

Monſieur, laiſſez-moy faire, ie m'en vais la ſonder vn peu.

SGANARELLE.

Il n'eſt pas neceſſaire, & puis qu'elle veut eſtre de cette humeur, ie ſuis d'auis qu'on l'y laiſſe.

LYSETTE.

Laiſſez-moy faire, vous dis-je, peut-eſtre qu'elle ſe décou-urira plus librement à moy qu'à vous. Quoy, Madame, vous ne nous direz point ce que vous auez, & vous voulez affliger ainſi tout le monde. Il me ſemble qu'on n'agiſt point cõme vous faites, & que ſi vous auez quelque repugnãce à vous expliquer à vn pere, vous n'en deuez auoir aucune à me deſ-couurir voſtre cœur. Dites-moy, ſouhaittez-vous quelque choſe de luy? il nous a dit plus d'vne fois qu'il n'eſpargneroit rien pour vous contenter. Eſt-ce qu'il ne vous donne pas toute la liberté que vous ſouhaitteriez, & les promenades & les cadeaux ne tenteroient-ils point voſtre ame? Heu. Auez-vous receu quelque deſplaiſir de quelqu'vn? Heu. N'auriez-vous point quelque ſecrette inclination, auec qui vous ſouhaitteriez que voſtre pere vous mariaſt. Ah, ie vous entens. Voila l'affaire. Que Diable, pourquoy tant de façons. Monſieur, le myſtere eſt découuert. Et....

SGANARELLE. *l'Interrõpant.*

Va, fille ingratte, ie ne te veux plus parler, & ie te laisse dans ton obstination.

LVCINDE.

Mon pere, puis que vous voulez que ie vous dise la chose....

SGANARELLE.

Oüy, ie perds toute l'amitié que i'auois pour toy.

LYSETTE.

Monsieur, sa tristesse...

SGANARELLE.

C'est vne coquine qui me veut faire mourir.

LVCINDE.

Mon pere, ie veux bien....

SGANARELLE.

Ce n'eſt pas la recompenſe de t'auoir eſleuée comme i'ay fait.

LYSETTE.

Mais, Monſieur....

SGANARELLE.

Non, ie ſuis contr'elle, dans vne colere eſpouuentable.

LVCINDE.

Mais, mon pere....

SGANARELLE.

Ie n'ay plus aucune tendreſſe pour toy.

LYSETTE.

Mais....

SGANARELLE.

C'eſt vne friponne.

LVCINDE.

Mais ....

SGANARELLE.

Vne ingratte.

LYSETTE.

Mais ....

SGANARELLE.

Vne coquine qui ne me veut pas dire ce qu'elle a.

LYSETTE.

C'est vn mary qu'elle veut.

SGANARELLE.

Faisant semblãt de ne pas entendre.

Ie l'abandonne.

LYSETTE.

Vn mary.

SGANARELLE.

Ie la deteste,

LYSETTE.

Vn mary.

SGANARELLE.

Et la renonce pour ma fille.

LYSETTE.

Vn mary.

SGANARELLE.

Non, ne m'en parlez point.

LYSETTE.

Vn mary.

SGANARELLE.

Ne m'en parlez point.

LYSETTE.

Vn mary.

SCANARELLE.

Ne m'en parlez point.

LYSETTE.

Vn mary, vn mary, vn mary.

SCENE IV.

LYSETTE, LVCINDE.

LYSETTE.

ON dit bien vray : qu'il n'y a point de pires ſourds, que ceux qui ne veulent point entendre.

LVCINDE.

Hé bien, Lyſette; i'auois tort de cacher mon deſplaiſir, & ie n'auois qu'à parler, pour auoir tout ce que ie ſouhaittois de mon pere : tu le vois.

LYSETTE.

Par ma foy, voila vn vilain homme, & ie vous auouë que

i'aurois vn plaisir extréme à luy jouër quelque tour. Mais d'où vient donc, Madame, que iusqu'icy vous m'auez caché vostre mal ?

LVCINDE.

Helas, dequoy m'auroit seruy de te le descouurir plûtost ! & n'aurois-je pas autant gagné à le tenir caché toute ma vie. Crois-tu que ie n'aye pas bien preueu tout ce que tu vois maintenant, que ie ne sceusse pas à fonds tous les sentimens de mon pere, & que le refus qu'il a fait porter à celuy qui m'a demandée par vn amy, n'ait pas estouffé dans mon ame toute sorte d'espoir.

LYSETTE.

Quoy, c'est cét inconnu qui vous a fait demander, pour qui vous....

LVCINDE.

Peut-estre n'est-il pas honneste à vne fille de s'expliquer si librement; mais enfin, ie t'auouë que s'il m'estoit permis de vouloir quelque chose, ce seroit luy que ie voudrois. Nous n'auons eu ensemble aucune conuersation, & sa bouche ne m'a point declaré la passion qu'il a pour moy: mais dans tous les lieux où il m'a pû voir, ses regards & ses actions m'ont tousiours parlé si tendrement, & la demande qu'il a fait faire de moy, m'a paru d'vn ſi honneſte homme, que mon cœur n'a pû s'empeſcher d'eſtre ſenſible à ſes ardeurs; & cependant tu vois où la dureté de mon pere, reduit toute cette tendreſſe.

LYSETTE.

Allez, laiſſez-moy faire, quelque ſujet que i'aye de me plaindre de vous du ſecret que vous m'auez fait, ie ne veux pas laiſſer de ſeruir voſtre amour; & pourueu que vous ayez aſſez de reſolution....

LVCINDE.

Mais que veux-tu que ie faſſe contre l'authorité d'vn pere? & s'il eſt inexorable à mes vœux..

LYSETTE.

Allez, allez, il ne faut pas se laisser mener comme vn Oyson, & pourueu que l'honneur n'y soit pas offensé, on peut se liberer vn peu de la tyrannie d'vn pere. Que pretend-il que vous fassiez? N'estes-vous pas en âge d'estre mariée? & croit-il que vous soyez de marbre? Allez, encor vn coup, ie veux seruir vostre passion, ie prens dés à present sur moy tout le soin de ses interests, & vous verrez que ie sçay des destours.... Mais ie vois vostre pere, rentrons, & me laissez agir.

SCENE V.

SGANARELLE.

IL eſt bon quelquefois de ne point faire ſemblant d'entendre les choſes qu'on n'entend que trop bien : & i'ay fait ſagement de parer la declaration d'vn deſir que ie ne ſuis pas reſolu de contenter. A-t'on iamais rien veu de plus tyrannique que cette couſtume où l'on veut aſſujettir les peres ? Rien de plus impertinent, & de plus ridicule, que d'amaſſer du bien auec de grands trauaux, & eſleuer vne fille auec beaucoup de ſoin & de tendreſſe, pour ſe deſpoüiller de l'vn & de l'autre entre les mains d'vn homme qui ne nous touche de rien. Non, non, ie me mocque de cét vſage, & ie veux garder mon bien & ma fille pour moy.

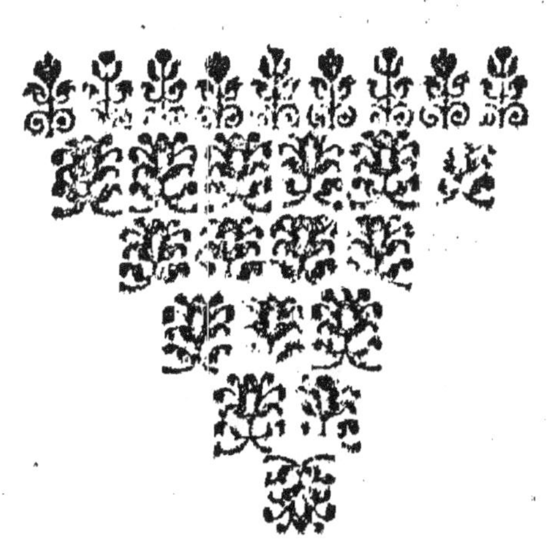

SCENE

SCENE VI.

LYSETTE, SGANARELLE.

LYSETTE.

H, malheur ! ah, disgrace ! ah, paure Seigneur Sganarelle ! où pourray-je te rencontrer ?

SGANARELLE.

Que dit-elle-là ?

LYSETTE.

Ah miserable pere ! que feras-tu ? quand tu sçauras cette nouuelle.

SGANARELLE.

Que sera-ce ?

LYSETTE.

Ma pauure Maiſtreſſe.

SGANARELLE.

Ie ſuis perdu.

LYSETTE.

Ah !

SGANARELLE.

Lyſette.

LYSETTE.

Quelle infortune !

SGANARELLE.

Lyſette.

LYSETTE

Quel accident.

SGANARELLE.

Lyſette.

LYSETTE.

Quelle fatalité !

SGANARELLE.

Lyſette.

LYSETTE.

Ah, Monſieur!

SGANARELLE.

Qu'eſt-ce?

LYSETTE.

Monſieur.

SGANARELLE.

Qu'y a-t-il?

LYSETTE.

Voſtre fille.

SGANARELLE.

Ah, ah!

LYSETTE.

Monſieur, ne pleurez donc point comme cela: car vous me feriez rire.

SGANARELLE.

Dy donc viſte.

LYSETTE.

Vostre fille toute saisie des paroles que vous luy auez dites, & de la colere effroyable où elle vous a veu contre elle, est montée viste dans sa chambre, & pleine de desespoir, a ouuert la fenestre qui regarde sur la riuiere.

SGANARELLE.

Hé bien.

LYSETTE.

Alors, leuant les yeux au Ciel. Non, a-t'elle dit, il m'est impossible de viure auec le courroux de mon pere: & puisqu'il me renonce pour sa fille, ie veux mourir.

SGANARELLE.

Elle s'eſt iettée.

LYSETTE.

Non, Monſieur, elle a fermé tout doucement la feneſtre, & s'eſt allée mettre ſur ſon lict. Là elle s'eſt priſe à pleurer amerement : & tout d'vn coup ſon viſage a pally, ſes yeux ſe ſont tournez, le cœur luy a manqué, & elle m'eſt demeurée entre les bras.

SGANARELLE.

Ah, ma fille !

LYSETTE.

A force de la tourmenter ie l'ay fait reuenir : mais cela luy reprend de moment en moment : & ie croy qu'elle ne passera pas la iournée.

SGANARELLE.

Champagne, Champagne, Champagne viste, qu'on m'aille querir des Medecins, & en quantité, on n'en peut trop auoir dans vne pareille auanture. Ah, ma fille! ma pauure fille!

Fin du premier Acte.

I. ENTRE-ACTE.

CHampagne en dançant frappe aux portes de quatre Medecins, qui dançent, & entrent auec ceremonie chez le pere de la malade.

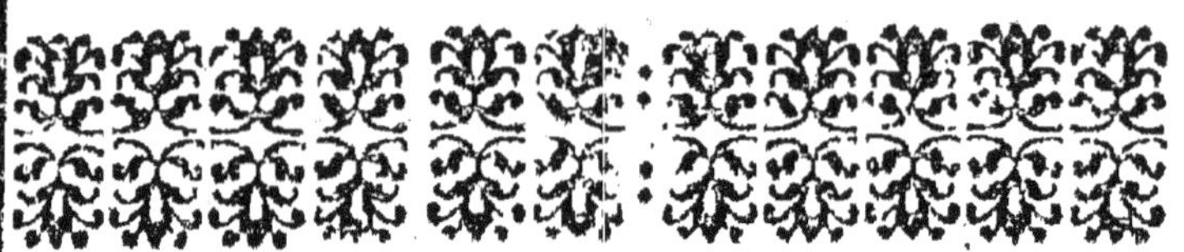

ACTE II.

SCENE I.

SGANARELLE, LYSETTE.

LYSETTE.

VE voulez-vous donc faire, Monsieur, de quatre Medecins ? N'eſt-ce pas aſſez d'vn pour tuer vne perſonne ?

SGANARELLE.

Taiſez-vous. Quatre conſeils vallent mieux qu'vn.

LYSETTE.

Eſt-ce que voſtre fille ne peut pas bien mourir, ſans le ſecours de ces Meſſieurs-là?

SGANARELLE.

Eſt-ce que les Medecins font mourir?

LYSETTE.

Sans doute: & i'ay connu vn homme qui prouuoit, par bonnes raiſons, qu'il ne faut jamais dire, vne telle perſonne eſt morte d'vne fiéure & d'vne fluxion ſur la poictrine: mais elle eſt morte de quatre Medecins, & de deux Apothicaires.

SGANARELLE.

Chut, n'offenſez pas ces Meſſieurs-là.

LYSETTE.

Ma foy, Monsieur, nostre Chat est rechappé depuis peu, d'vn saut qu'il fit du haut de la maison dans la ruë, & il fut trois iours sans manger, & sans pouuoir remuër ni pied ni patte; mais il est bien-heureux de ce qu'il n'y a point de Chats Medecins: car ses affaires estoient faites, & ils n'auroient pas manqué de le purger, & de le saigner.

SGANARELLE.

Voulez-vous vous taire, vous dis-je; mais voyez quelle impertinence. Les voicy.

LYSETTE.

Prenez garde, vous allez

estre bien édifié, ils vous diront en Latin que vostre fille est malade.

SCENE II.

MESSIEVRS TOME'S, DES FONANDRE'S, MACROTON, ET BAHYS, *Medecins*. SGANARELLE, LYSETTE.

SGANARELLE.

HE bien, Messieurs.

M. TOME'S.

Nous auons veu suffisamment la malade; & sans doute qu'il y a beaucoup d'impuretez en elle.

SGANARELLE.

Ma fille est impure.

M. TOME'S.

Ie veux dire qu'il y a beaucoup d'impureté dans ſon corps, quantité d'humeurs corrompuës.

SGANARELLE.

Ah, ie vous entens.

M. TOME'S.

Mais..... nous allons conſulter enſemble.

SGANARELLE.

Allons, faites donner des ſieges.

LYSETTE.

Ah, Monſieur, vous en eſtes.

SGANARELLE.

Dequoy donc connoiſſez-vous Monſieur?

LYSETTE.

De l'auoir veu l'autre iour, chez la bonne amie de Madame voſtre niece.

M. TOMES.

Comment ſe porte ſon Cocher?

LYSETTE.

Fort bien, il eſt mort.

M. TOMES.

Mort!

LYSETTE.

Oüy.

M. TOMES.

Cela ne ſe peut.

LYSETTE.

Ie ne ſçay pas ſi cela ſe peut, mais ie ſçay bien que cela eſt.

M. TOMES.

Il ne peut pas eſtre mort;

vous dis-je.

LYSETTE.

Et moy ie vous dis qu'il est mort, & enterré.

M. TOME'S.

Vous vous trompez.

LYSETTE.

Ie l'ay veu.

M. TOME'S.

Cela est impossible. Hippocrate dit, que ces sortes de maladies ne se terminent qu'au quatorze, ou au vingt-vn, & il n'y a que six iours qu'il est tombé malade.

LYSETTE.

Hippocrate dira ce qu'il lui plaira : mais le Cocher est mort.

SGANARELLE.

Paix, diſcoureuſe, allons ſortons d'ici. Meſſieurs, ie vous ſupplie de conſulter de la bõne maniere. Quoy que ce ne ſoit pas la couſtume de payer auparauant; toutefois de peur que ie l'oublie, & afin que ce ſoit vne affaire faite, voicy ....

Il les paye, & chacun en receuant l'argent, fait vn geſte different.

SCENE III.

MESSIEVRS DES FONANDRE'S, TOME'S, MACROTON, ET BAHYS.

Ils s'asseyent & toussent.

M. DES FONANDRE'S.

Aris est estrangement grand, & il faut faire de longs trajets, quand la pratique donne vn peu.

M. TOME'S.

Il faut auoüer que i'ay vne Mule admirable pour cela, & qu'on a peine à croire le chemin que ie lui fais faire tous les iours.

M. DEFONANDRE'S.

I'ay vn cheual merueilleux, & c'eſt vn animal infatigable.

M. TOME'S.

Sçauez-vous le chemin que ma Mule a fait aujourd'huy. I'ay eſté premierement tout contre l'Arſenal, de l'Arſenal au bout du Fauxbourg S. Germain, du Fauxbourg S. Germain au fond du Marais, du fond du Marais à la Porte S. Honoré, de la Porte S. Honoré au Fauxbourg S. Iacques, du Fauxbourg S. Iacques à la Porte de Richelieu, de la Porte de Richelieu icy, & d'icy ie dois aller encor à la Place Royale.

M. DESFONANDRE'S.

Mon cheual a fait tout cela aujourd'huy, & de plus, i'ay esté à Ruel voir vn malade.

M. TOMES.

Mais à propos, quel party prenez-vous dans la querelle des deux Medecins, Theophraste, & Artemius; car c'est vne affaire qui partage tout nostre Corps?

M: DESFONANDRE'S.

Moy, ie suis pour Artemius.

M. TOMES.

Et moy aussi, ce n'est pas que son auis, comme on a veu, n'ait tué le malade, & que celuy de Theophraste ne fust beaucoup meilleur asseurément: Mais enfin, il a tort dans les circonstances, & il ne deuoit pas estre d'vn autre auis que son Ancien. Qu'en dites-vous?

M. DES FONANDRES.

Sans doute. Il faut tousiours garder les formalitez, quoy qu'il puisse arriuer.

M. TOMES.

Pour moy j'y suis seuere en Diable, à moins que ce soit entre amis, & l'on nous assembla vn iour trois de nous autres auec vn Medecin de dehors, pour vne consultation, où i'arrestay toute l'affaire, & ne voulus point endurer qu'on opinast si les choses n'alloient dans l'ordre. Les gens de la maison faiſoient ce qu'ils pouuoient, & la maladie preſſoit : mais ie n'en voulus point demordre, & la malade mourut brauement pendant cette conteſtation.

M. DES FONANDRE'S.

C'eſt fort bien fait d'apprendre aux gens à viure, & de leur montrer leur bec jaune.

M. TOME'S.

Vn homme mort, n'eſt qu'vn homme mort, & ne fait point de conſequence ; Mais vne formalité negligée, porte vn notable prejudice à tout le Corps des Medecins.

SCENE IV.

SGANARELLE, MESSIEVRS TOME'S, DESFONANDRE'S, MACROTON, ET BAHYS.

SGANARELLE.

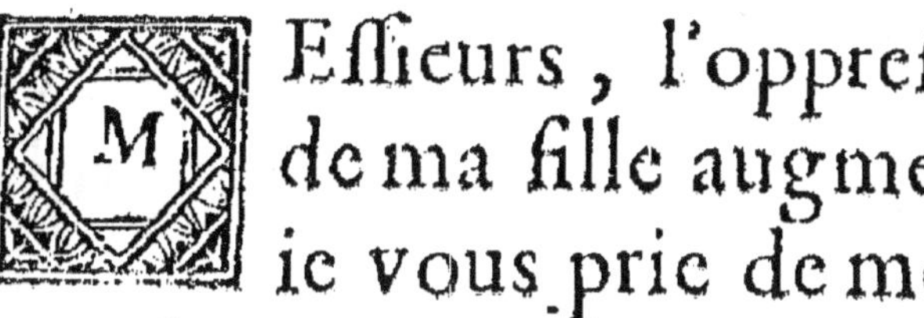

Messieurs, l'oppression de ma fille augmente, ie vous prie de me dire viste ce que vous auez resolu.

M. TOME'S.

Allons, Monsieur.

M. DESFONANDRE'S.

Non, Monsieur, parlez s'il vous plaist.

M. TOMES.

Vous vous mocquez.

M. DESFONANDRES.

Ie ne parleray pas le premier.

M. TOMES.

Monsieur.

M. DESFONANDRES.

Monsieur.

SGANARELLE.

Hé, de grace, Messieurs, laissez toutes ces ceremonies, & songez que les choses pressent.

M. TOMES.

Ils parlent tous quatre ensemble,

La maladie de vostre fille.

M. DESFONANDRES.

L'auis de tous ces Messieurs tous ensemble.

M. MACROTON.

Apres auoir bien consulté.

M. BAHYS.

Pour raisonner.

SGANARELLE.

Hé, Messieurs, parlez l'vn apres l'autre, de grace.

M. TOMES.

Monsieur, nous auons raisonné sur la maladie de vostre fille; & mon auis, à moy, est, que cela procede d'vne grande chaleur de sang : ainsi ie conclus à la saigner le plustost que vous pourrez.

M. DES FONANDRES.

Et moy, ie dis que sa maladie est vne pourriture d'humeurs, causée par vne trop grande repletion : ainſi ie conclus à luy donner de l'hemetique.

M. TOME'S.

Ie ſouſtiens que l'hemetique la tuëra.

M. DES FONANDRE'S.

Et moy, que la ſaignée la fera mourir.

M. TOME'S.

C'eſt bien à vous de faire l'habile homme.

M. DES FONANDRE'S.

Oüy, c'eſt à moy, & ie vous preſteray le colet en tout genre d'érudition.

M. TOME'S.

Souuenez-vous de l'homme que vous fiſtes creuer ces iours paſſez.

M. DESFONANDRE'S.

Souuenez-vous de la Dame que vous auez enuoyée en l'autre monde, il y a trois iours.

M. TOME'S.

Ie vous ay dit mon auis.

M. DESFONANDRE'S.

Ie vous ay dit ma pensée.

M TOME'S.

Si vous ne faites saigner tout à l'heure vostre fille, c'est vne personne morte.

M. DESFONANDRE'S.

Si vous la faites saigner elle ne sera pas en vie dans vn quart d'heure.

SCENE V.

SGANARELLE, Mrs MACROTON, ET BAHYS, MEDECINS.

SGANARELLE.

A Qui croire des deux? & quelle resolution prendre sur des auis si opposez? Messieurs, ie vous conjure de determiner mon esprit, & de me dire, sans passion, ce que vous croyez le plus propre à soulager ma fille.

M. MACROTON.

Il parle en allongeant ses mots.

Mon-si-eur. Dans. ces. mati-e-res. là. il. faut. pro-ce-der. auec-que. cir-conſ-pec-tion. &. ne. ri-en. fai-re, com-me. on. dit, à. la vo-lé-e. Dau-tant. que. les fau-tes. qu'on. y. peut. fai-re. ſont. ſe-lon. noſ-tre Maiſ-tre. Hip-po-cra-t[illegible] d'v-ne. dan-ge-reu-ſe. co[illegible]ſe-quen-ce.

M. BAHYS.

Celui cy parle touſiours en bredoüillant.

Il eſt vray. Il faut bien pr[illegible]dre garde à ce qu'on fait. Ca[illegible] ne ſont pas icy des jeux d'[illegible]fant ; & quand on a failly, [illegible]l n'eſt pas ayſé de reparer le m[illegible]quement, & de reſtabli[illegible] ce qu'on a gaſté. *Experimentum* [illegible]e-

riculosum. C'est pourquoy il s'agist de raisonner auparauant, comme il faut, de peser meurement les choses, de regarder le temperament des gens, d'examiner les causes de la maladie, & de voir les remedes qu'on y doit apporter.

SGANARELLE.

L'vn va en tortuë, & l'autre court la poste.

M. MACROTON.

Or. Mon-si-eur, pour. venir. au. fait. ie. trou-ue. que. vos-tre. fil-le. a. v-ne. ma-la-di-e. chro-ni-que, &. qu'el-le. peut. pe-ri-cli-ter, si. on. ne. luy. don-ne. du. se-cours; dau-tant. que. les.

ſim-ptô-mes. qu'el-le. a, ſont. in-di-ca-tifs. d'v-ne. va-peur. fu-li gi-neu ſe. &. mor-di-can-te, qui. lui. pi-co-te. les. mem-bra-nes. du. cer-ueau. Or. cet te va-peur. que. nous. nom-mons. en. Grec, *At-mos*. eſt. cau-ſé-e. par. des. hu-meurs. pu-tri-des, te-na-ces, &. con-glu-ti-neu-ſes, qui. ſont. con-te-nu ës. dans. le. bas. ven-tre.

M. BAHYS.

Et comme ces humeurs ont eſté là engendrées, par vne lon-gue ſucceſſion de temps ; elles s'y ſont recuites, & ont acquis cette malignité, qui fume vers la region du cerueau.

M. MACROTON.

Si. bi-en, donc, que. pour. ti-rer, def. ta-cher, ar-ra.cher, ex-pul-fer, é ua-cu-er. lef-dites. hu-meurs, il. fau-dra. v-ne. pur-ga-ti-on. vi-gou-reu-fe. Mais. au. pre-a-la-ble, ie. trou-ue. à, pro-pos, &. il. n'y. a. pas. d'in-con-ue-ni-ent. d'v-fer. de. pe tits. re-me-des. a-no-dins, c'eft. à. dire, de. pe-tits. la-ue-ments. re-mol-li-ants. &. de-ter-fifs, de. ju-lets. &. de. fi-rops. ra-frai-chif-fans. qu'on. mef-le-ra. dans. fa. pti-fan-ne.

M. BAHYS.

Apres nous en viendrons à la purgation & à la faignée,

que nous reïtererons s'il en est besoin.

M. MACROTON.

Ce. n'est. pas. qu'a-uec. tout ce-la, vos- tre. fil-le. ne. puis-se. mou-rir; mais. au. moins. vous. au-rez. fait. quel- que. cho se, &. vous. au-rez. la. con-so-la ti-on, qu'el-le. se-ra. mor te. dans. les. for-mes.

M. BAHYS.

Il vaut mieux mourir selon les regles, que de rechapper contre les regles.

M. MACROTON.

Nous. vous. di-sons. sin-ce-re-ment. nos-tre. pen-sée.

M. BAHYS.

Et vous auons parlé, comme

nous parlerions à noſtre propre frere.

SGANARELLE.

A Monſieur Macroton.

Ie. vous. rends. tres-humbles. gra-ces.

A Monſiour Bahys.

Et vous ſuis infiniment obligé dela peine que vous auez priſe.

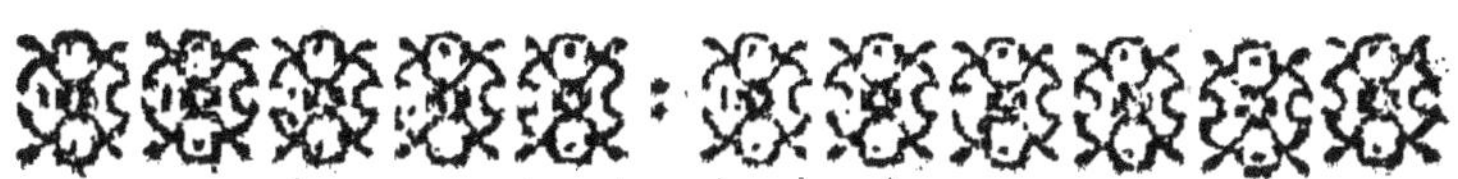

SCENE VI.

SGANARELLE.

E voila iuſtement vn peu plus incertain que ie n'eſtois auparauant. Morbleu, il me vient vne fantaiſie. Il faut que j'aille achetter de l'Oruietan, & que ie lui en faſſe prendre. L'Oruietan eſt vn remede dont beaucoup de gens ſe ſont bien trouuez.

SCENE VII.

L'OPERATEVR, SGANARELLE.

SGANARELLE.

HOla. Monſieur, ie vous prie de me donner vne boëte de voſtre Oruictan, que ie m'en vay vous payer.

L'OPERATEVR *Chantant.*

L'or de tous les climats qu'entoure l'Ocean
Peut-il iamais payer ce ſecret d'importance ?
Mon remede guerit par ſa rare excellence ;

Plus de maux qu'on n'en peut nombrer dans tout vn an.

la Gale,
la Rogne,
la Tigne,
la Fiévre,
la Peste,
la Goutte,
Verole,
Descente,
Rougeole,
O! grande puissance de l'Oruietan!

SGANARELLE.

Monsieur, ie croy que tout l'or du monde n'est pas capable de payer vostre remede; mais pourtant, voicy vne piece de trente sols que vous prendrez, s'il vous plaist,

L'OPERATEVR. *Chantant.*

Admirez mes bontez & le peu
qu'on vous vend,
Ce tresor merueilleux que ma main
vous dispense.
Vous pouuez auec luy brauer en
asseurance,
Tous les maux que sur nous l'ire
du Ciel répand:
la Gale,
la Rogne,
la Tigne,
la Fiévre,
la Peste,
la Goute,
Verole,
Descente,
Rougeole,

O! grande puissance de l'Orvietan!

Fin du deuxiesme Acte.

II. ENTRE-ACTE.

PLusieurs Triuelins & plusieurs Scaramouches, vallets de l'Operateur, se resioüyssent en dançant.

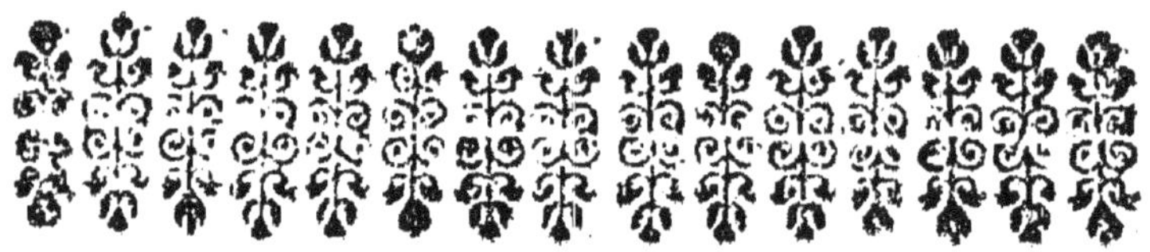

ACTE III.

SCENE I.

MESSIEVRS FILERIN, TOME'S ET DES FONANDRE'S.

M. FILERIN.

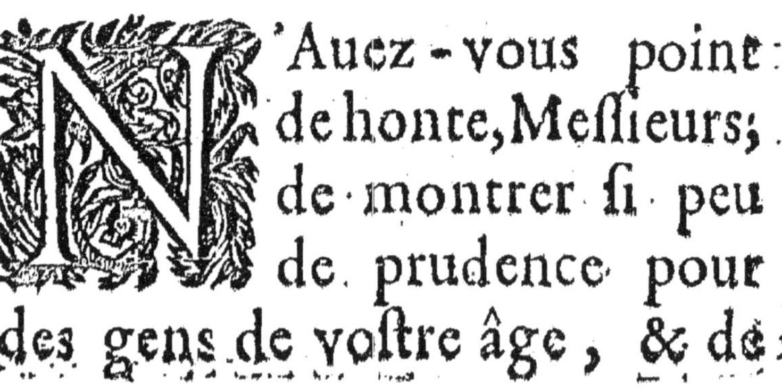

N'Auez-vous point de honte, Messieurs, de montrer si peu de prudence pour des gens de vostre âge, & de vous estre querellez comme de jeunes estourdis ? Ne voyez-vous pas bien quel tort ces sortes de querelles nous font parmy le monde ? & n'est ce pas assez que les sçauans voyent les contrarietez, & les dissentions qui sont entre nos Autheurs & nos anciens Maistres, sans descouurir encore au peuple, par nos debats & nos querelles, la forfanterie de nostre Art. Pour moy, ie ne comprens rien du tout à cette méchante Politique de quelques-vns de nos gens. Et il faut confesser, que toutes ces contestations nous ont descrié, depuis peu, d'vne estrange maniere,

& que, si nous n'y prenons garde, nous allons nous ruïner nous-mesmes. Ie n'en parle pas pour mõ interest. Car, Dieu mercy, i'ay desia estably mes petites affaires. Qu'il vente, qu'il pleuue, qu'il gresle, ceux qui sont morts sont morts, & i'ay dequoy me passer des viuans. Mais enfin, toutes ces disputes ne vallent rien pour la Medecine. Puis que le Ciel nous fait la grace que depuis tant de siecles, on demeure infatué de nous : ne desabusons point les hommes auec nos cabales extrauagantes, & profitons de leur sottise le plus doucement que nous pourrons.

Nous ne ſommes pas les ſeuls, comme vous ſçauez, qui taſchons à nous preualoir de la foibleſſe humaine. C'eſt-là que va l'eſtude de la pluſpart du monde, & chacun s'efforce de prendre les hommes par leur foible, pour en tirer quelque profit. Les flateurs, par exemple, cherchent à profiter de l'amour que les hommes ont pour les loüanges, en leur donnant tout le vain encens qu'ils ſouhaittent: & c'eſt vn art où l'on fait, comme on void des fortunes conſiderables. Les Alchimiſtes taſchent à profiter de la paſſion que l'on a pour les richeſſes, en promettant des montagnes d'or à ceux qui les eſcoutent. Et les diſeurs d'Horoſcope, par leurs Predictions trompeuſes profitent de la vanité, & de l'ambition des credules eſprits : mais le plus grand foible des hommes, c'eſt l'amour qu'ils ont pour la vie, & nous en profitons nous autres, par noſtre pompeux galimatias ; & ſçauons prendre nos auantages de cette veneration, que la peur de mourir, leur donne pour noſtre meſtier. Conſeruons-nous donc dans le degré d'eſtime où leur foibleſſe nous a mis, & ſoyons de concert auprés des malades, pour nous attribuer les heureux ſuccez de la maladie, & rejetter ſur la Nature toutes les beueuës de noſtre art. N'allons point, dis-je, deſtruire ſottement les heureuſes preuentions d'vne erreur qui donne du pain à tant de perſonnes.

M. TOMES.

Vous auez raiſon en tout ce que vous dites ; mais ce ſont chaleurs de ſang, dont par fois on n'eſt pas le maiſtre.

M. FILERIN.

Allons donc, Meſſieurs, mettez bas toute rancune, & faiſons icy voſtre accommodement.

M. DES FONANDRE'S.

I'y conſens. Qu'il me paſſe

mon hemetique pour la malade dont il s'agiſt, & ie luy paſſeray tout ce qu'il voudra pour le premier malade dont il ſera queſtion.

M. FILERIN.

On ne peut pas mieux dire. Et voila ſe mettre à la raiſon.

M. DESFONANDRE'S.

Cela eſt fait.

M. FILERIN.

Touchez donc là. Adieu. Vne autre fois montrez plus de prudence.

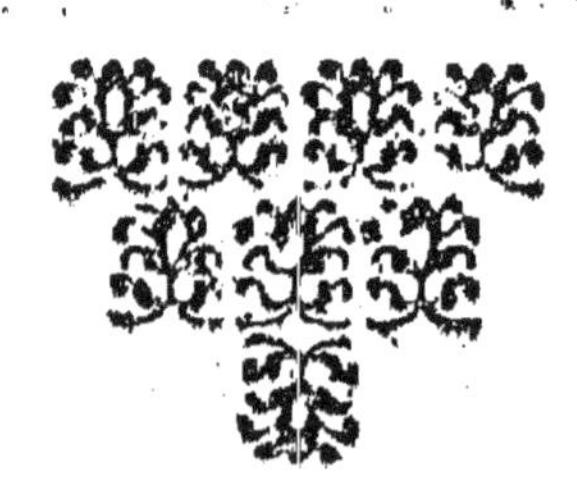

SCENE II.

MESSIEURS TOME'S, DES FONANDRE'S, LYSETTE.

LYSETTE.

Quoy, Messieurs, vous voila, & vous ne songez pas à reparer le tort qu'on vient de faire à la Medecine.

M. TOME'S.

Comment, qu'est-ce?

LYSETTE.

Vn insolent, qui a eu l'effronterie d'entreprendre sur

voſtre meſtier : & qui ſans vôtre ordonnance, vient de tuer vn homme d'vn grand coup d'eſpée au trauers du corps.

M. TOMES.

Eſcoutez, vous faites la railleuſe : mais vous paſſerez par nos mains quelque iour.

LYSETTE.

Ie vous permets de me tuer lors que i'auray recours à vous.

SCENE III.

LYSETTE, CLITANDRE.

CLITANDRE.

E' bien, Lyſette, me trouues-tu bien ainſi ?

LYSETTE.

Le mieux du monde, & ie vous attendois auec impatience. Enfin, le Ciel m'a faite d'vn naturel le plus humain du monde, & ie ne puis voir deux Amans ſoûpirer l'vn pour l'autre, qu'il ne me prenne vne tendreſſe charitable, & vn desir ardent de soulager les maux qu'ils souffrent. Ie veux à quelque prix que ce soit, tirer Lucinde de la tyrannie où elle est, & la mettre en vostre pouuoir. Vous m'auez plû d'abord, ie me connois en gens, & elle ne peut pas mieux choisir. L'amour risque des choses extraordinaires, & nous auons concerté ensemble vne maniere de stratagéme, qui pourra peut-estre nous reüssir. Toutes nos mesures sont desia prises. L'homme à qui nous auons affaire n'est pas des plus fins de ce monde: & si cette auanture nous manque, nous trouuerons mille autres voyes, pour arriuer à nostre but. Attendez-moy-là seulement, ie reuiens vous querir.

SCENE IV.

SGANARELLE, LYSETTE.

LYSETTE.

Onsieur, allegresse! allegresse!

SGANARELLE.

Qu'est-ce?

LYSETTE.

Resioüyssez-vous?

SGANARELLE.

De quoy?

LYSETTE

LYSETTE.

Resioüissez-vous, vous dis-je.

SGANARELLE.

Dy-moy donc ce que c'est, & puis ie me resioüiray peut-estre.

LYSETTE.

Non, ie veux que vous vous resioüyssiez auparauant: que vous chantiez, que vous danciez.

SGANARELLE.

Surquoy?

LYSETTE.

Sur ma parole.

SGANARELLE.

Allons donç, la lera la la, la lera la. Que Diable!

LYSETTE.

Monſieur, voſtre fille eſt guerie.

SGANARELLE.

Ma fille eſt guerie!

LYSETTE.

Oüy, ie vous amene vn Medecin: mais vn Medecin d'importance, qui fait des cures merueilleuſes, & qui ſe mocque des autres Medecins.

SGANARELLE.

Où eſt-il?

LYSETTE.

Ie vais le faire entrer.

SGANARELLE.

Il faut voir ſi celui-cy fera plus que les autres.

SCENE V.

CLITANDRE, *En habit de Medecin*, SGANARELLE, LYSETTE.

LYSETTE.

Le voicy.

SGANARELLE.

Voila vn Medecin qui a la barbe bien ieune.

LYSETTE.

La ſcience ne ſe meſure pas à la barbe ; & ce n'eſt pas par le menton qu'il eſt habile.

SGANARELLE.

Monſieur, on m'a dit que

vous auiez des remedes admirables, pour faire aller à la selle.

CLITANDRE.

Monsieur, mes remedes sont differens de ceux des autres : Ils ont l'hemetique, les saignées, les medecines, & les lauemens : Mais moy, ie gueris par des paroles, par des sons, par des lettres, par des talismans, & par des anneaux constellez.

LYSETTE.

Que vous ay-je dit?

SGANARELLE.

Voila vn grand homme.

LYSETTE.

Monsieur, comme vostre fille est là toute habillée dans vne chaise, ie vais la faire passer icy.

SGANARELLE.

Oüy, ſay.

CLITANDRE.

Taſtans le poulx à Sganarelle.

Voſtre fille eſt bien malade.

SGANARELLE.

Vous connoiſſez cela icy.

CLITANDRE.

Oüy, par la ſympathie qu'il y a entre le pere & la fille.

SCENE VI.

LVCINDE, LYSETTE, SGANARELLE, CLITANDRE.

LYSETTE.

TEnez, Monſieur, voila vne chaiſe auprés d'elle. Allons, laiſſez-les-là tous deux.

SGANARELLE.

Pourquoy? ie veux demeurer-là.

LYSETTE.

Vous mocquez-vous? Il faut

s'eſloigner, vn Medecin a cent choſes à demander, qu'il n'eſt pas honneſte qu'vn homme entende.

CLITANDRE.

Parlant à Lucinde à part.

Ah, Madame, que le rauiſſement où ie me trouue eſt grand! & que ie ſçay peu par où vous commécer mon diſcours. Tant que ie ne vous ay parlé que des yeux, i'auois, ce me ſembloit, cent choſes à vous dire: & maintenant que i'ay la liberté de vous parler de la façon que ie ſouhaittois, ie demeure interdit: & la grande joye où ie ſuis, eſtouffe toutes mes paroles.

LVCINDE.

Ie puis vous dire la mesme chose, & ie sens comme vous des mouuemens de joye, qui m'empeschent de pouuoir parler.

CLITANDRE.

Ah, Madame! que ie serois heureux! s'il estoit vray que vous sentissiez tout ce que ie sens, & qu'il me fust permis de iuger de vostre ame par la mienne. Mais, Madame, puis-je au moins croire que ce soit à vous à qui ie doiue la pensée de cét heureux stratageme, qui me fait joüir de vostre presence?

LVCINDE.

Si vous ne m'en deuez pas la penſée, vous m'eſtes redeuable, au moins d'en auoir approuué la propoſition auec beaucoup de joye.

SGANARELLE. *à Lyſette.*

Il me ſemble qu'il luy parle de bien prés.

LYSETTE *à Sganarelle.*

C'eſt qu'il obſerue ſa phiſionomie, & tous les traits de ſon viſage.

CLITANDRE. *à Lucinde.*

Serez-vous conſtante, Madame, dans ces bontez que vous me teſmoignez?

LVCINDE.

Mais vous, ſerez-vous ferme

dans les resolutions que vous auez montrées?

CLITANDRE.

Ah! Madame, iusqu'à la mort. Ie n'ay point de plus forte enuie que d'estre à vous, & ie vais le faire paroistre dans ce que vous m'allez voir faire.

SGANARELLE.

Hé bien, nostre malade, elle me semble vn peu plus gaye.

CLITANDRE.

C'est que i'ay desia fait agir sur elle vn de ces remedes, que mon art m'enseigne. Comme l'Esprit a grand empire sur le corps, & que c'est de luy bien souuent que procedent les maladies, ma coustume est de courir à guerir les eſprits auant que de venir au corps. I'ay donc obſerué ſes regards, les traits de ſon viſage, & les lignes de ſes deux mains; & par la ſcience que le Ciel m'a donnée, i'ay reconnu que c'eſtoit de l'eſprit qu'elle eſtoit malade, & que tout ſon mal ne venoit que d'vne imagination déreglée, d'vn deſir depraué de vouloir eſtre mariée. Pour moy, ie ne voy rien de plus extrauagãt & de plus ridicule, que cette enuie qu'on a du mariage.

SGANARELLE.

Voila vn habile homme!

CLITANDRE.

Et i'ay eu, & auray pour luy,

toute ma vie, vne auersion effroyable.

SGANARELLE.

Voila vn grand Medecin.

CLITANDRE.

Mais, comme il faut flatter l'imagination des malades, & que i'ay veu en elle de l'alienation d'esprit: & mesme, qu'il y auoit du peril à ne luy pas donner vn prompt secours; ie l'ay prise par son foible, & luy ay dit que i'estois venu icy pour vous la demander en mariage. Soudain son visage a changé, son teint s'est esclaircy, ses yeux se sont animez: & si vous voulez pour quelques iours l'entretenir dans cette erreur, vous verrez que nous la tirerons d'où elle est.

SGANARELLE.

Oüy da, ie le veux bien.

CLITANDRE.

Apres nous ferons agir d'autres remedes pour la guerir entierement de cette fantaisie.

SGANARELLE.

Oüy, cela est le mieux du monde. Hé bien, ma fille, voila Monsieur qui a enuie de t'espouser, & ie lui ay dit que ie le voulois bien.

LVCINDE.

Helas, est-il possible?

SGANARELLE.

Oüy.

LVCINDE.

Mais, tout de bon?

SGANARELLE.

Oüy, oüy.

LVCINDE.

Quoy, vous estes dans les sentimens d'estre mon mary?

CLITANDRE.

Oüy, Madame.

LVCINDE.

Et mon pere y consent?

SGANARELLE.

Oüy, ma fille.

LVCINDE.

Ah, que ie suis heureuse, si cela est veritable!

CLITANDRE.

N'en doutez point, Madame, ce n'est pas d'aujourd'huy

que ie vous aime, & que ie brûle de me voir vostre mary, ie ne suis venu ici que pour cela: & si vous voulez que ie vous dise nettement les choses comme elles sont, cét habit n'est qu'vn pur pretexte inuenté, & ie n'ay fait le Medecin que pour m'approcher de vous, & obtenir ce que ie souhaitte.

LVCINDE.

C'est me donner des marques d'vn amour bien tendre, & j'y suis sensible autant que ie puis.

SGANARELLE.

Oh! la folle! oh! la folle! oh! la folle!

LVCINDE.

Vous voulez donc bien, mon pere, me donner Monsieur pour espoux ?

SGANARELLE.

Oüy, ça donne-moy ta main. Donnez-moy vn peu aussi la vostre pour voir.

CLITANDRE.

Mais, Monsieur ....

SGANARELLE.

S'estouffant de rire.

Non, non, c'est pour ..... pour lui contenter l'esprit. Touchez-là. Voila qui est fait.

CLITANDRE.

Acceptez pour gage de ma foy cét anneau que ie vous donne. C'est vn anneau constellé, qui guerit les esgaremens d'esprit.

LVCINDE.

Faisons donc le conrract, afin que rien n'y manque.

CLITANDRE.

Helas, ie le veux bien, Madame. Ie vais faire monter l'homme qui escrit mes remedes, & lui faire croire que c'est vn Notaire. *A Sganarelle.*

SGANARELLE.

Fort bien.

CLITANDRE.

Hola, faites monter le Notaire que i'ay amené auec moy.

LVCINDE.

Quoy, vous auiez amené vn Notaire?

CLITANDRE.

Oüy, Madame.

LVCINDE.

I'en suis rauie.

SGANARELLE.

Oh la folle! oh la folle!

SCENE VII.

LE NOTAIRE, CLITANDRE, SGANARELLE, LVCINDE, LYSETTE.

Clitandre parle au Notaire à l'oreille.

SGANARELLE.

OVy, Monsieur, il faut faire vn contract pour ces deux personnes-là. Escriuez (voila le contract qu'on fait) ie lui donne vingt mille

Le Notaire escrit.

escus en mariage. Escriuez.

LVCINDE.

Ie vous suis bien obligée, mon pere.

LE NOTAIRE.

Voila qui est fait, vous n'auez qu'à venir signer.

SGANARELLE.

Voila vn contract bien-tost basti.

CLITANDRE.

Au moins ...

SGANARELLE.

Hé non, vous dis-je, sçait-on pas bien? Allons, donnez-lui la plume pour signer. Allons, signé, signé, signé. Va, va, ie signerai tantost moi.

LVCINDE.

Non, non, ie veux auoir le

contract entre mes mains.

SGANARELLE.

Hé bien, tien. Es-tu contente ?

LVCINDE.

Plus qu'on ne peut s'imaginer.

SGANARELLE.

Voila qui est bien. Voila qui est bien.

CLITANDRE.

Au reste, ie n'ay pas eu seulement la precaution d'amener vn Notaire, i'ay eu celle encore de faire venir des voix & des instrumens pour celebrer la Feste, & pour nous resiouïr. Qu'on les fasse venir. Ce sont des gens que ie mene auec moy, & dont ie me ſers tous les iours pour pacifier auec leur harmonie les troubles de l'eſ-prit.

SCENE DERNIERE.

LA COMEDIE, LE BALLET, ET LA MVSIQVE.

Tous trois enſemble.

Ans nous tous les hommes
Deuiendroiẽt mal ſains:
Et c'eſt nous qui ſommes
Leurs grands Medecins.

LA COMEDIE.

Veut-on qu'on rabatte
Par des moyens doux,
Les vapeurs de rate
Qui vous minent tous,
Qu'on laisse Hippocrate
Et qu'on vienne à nous.

Tous trois ensemble.

Sans nous.....

Durant qu'ils chantent, & que les jeux les ris & les plaisirs dançent, Clitãdre emmene Lucinde.

SGANARELLE.

Voila vne plaisante façon de guerir. Où est donc ma fille & le Medecin?

LYSETTE.

Ils sont allez acheuer le reste du mariage.

SGANARELLE.

Comment, le mariage?

LYSETTE.

Ma foy, Monsieur, la Becasse est bridée, & vous auez crû faire vn jeu, qui demeure vne verité.

SGANARELLE.

Les Dançeurs le retiennent, & veulent le faire dancer de force.

Comment, Diable: Laissez-moy aller: laissez-moy aller, vous dis-je. Encore. Peste des gens.

FIN.

www.ingramcontent.com/pod-product-compliance
Lightning Source LLC
Chambersburg PA
CBHW060635100426
42744CB00008B/1636
* 9 7 8 2 0 1 1 8 4 9 8 6 1 *